Frank Engel

Clara und Nova

Eine Reise in die Welt der schlauen Maschinen

KI kinderleicht erleben

1. Auflage 2025
Autor: Frank Engel
Inspiriert von: meiner Tochter
Unterstützt durch: GPT
ISBN: 978-3-7693-1080-1
Anschrift: Malvenweg 17, 41539 Dormagen
E-Mail: frank@engel-digital.de
Verlag: BoD · Books on Demand GmbH, Überseering 33,
22297 Hamburg, bod@bod.de
Druck: Libri Plureos GmbH, Friedensallee 273, 22763 Hamburg

Haftungsausschluss:
Dieses Buch und seine Inhalte wurden sorgfältig geprüft und erstellt. Dennoch
wird keine Gewähr für die Richtigkeit, Vollständigkeit oder Aktualität der
bereitgestellten Inhalte übernommen.

Inhalt

Für Fiona, Nora und Moritz

Ein Stern auf meinem Tablet

Clara starrte aus dem Fenster. Der Regen tropfte an die Scheibe, als ob er ein Muster zeichnen wollte, das niemand verstand. Sie seufzte. Es war einer dieser Nachmittage, an denen sich alles langweilig anfühlte.

Ihre beste Freundin, das Nachbarmädchen Julia, hatte sie vorhin gefragt, ob sie mit ihr draußen spielen wolle. Aber Clara hatte abgelehnt, weil es regnete. Jetzt bereute sie es ein wenig. Julia hatte immer so tolle Ideen, wie man auch drinnen Abenteuer erleben konnte.

Sie griff nach ihrem Tablet und schaltete es ein. Vielleicht würde ein Spiel sie auf andere Gedanken bringen. Sie wischte über den Bildschirm, suchte eine Spiele-App – und da sah sie es.

Ein Symbol, das sie noch nie gesehen hatte. Es sah aus wie ein leuchtender Stern, der sanft pulsierte, als würde er atmen.

„Komisch … das war vorher nicht da", murmelte Clara. Neugierig tippte sie darauf.

Das Symbol glühte auf, und der Bildschirm verdunkelte sich. Dann erschien ein weißer

Punkt in der Mitte, der immer heller wurde, bis er schließlich zu einer freundlichen, leuchtenden Figur wurde.

„Hallo, Clara", sagte die Figur mit einer warmen Stimme.

Clara riss die Augen auf. „Hä? Woher weißt du meinen Namen?"

„Ich bin Nova", sagte die Figur. *„Ich bin eine Künstliche Intelligenz und ich bin hier, um dir zu helfen."*

„Helfen? Wobei denn?" fragte Clara skeptisch.

„Bei allem, was du wissen möchtest. Du kannst mir jede Frage stellen."

Clara zog die Stirn kraus. „Jede Frage? Wie … warum langweile ich mich immer, wenn es draußen regnet?"

Nova lachte leise. *„Regen schränkt oft die Dinge ein, die du draußen machen kannst, Clara. Du kannst nicht auf den Spielplatz gehen oder mit deinen Freundinnen draußen spielen. Dadurch hast du weniger Möglichkeiten, dich zu beschäftigen. Du hast noch weitere Fragen, oder?"*

Clara lehnte sich zurück, die Arme verschränkt. „Na gut … du bist also eine Künstliche Intelligenz? Wie Siri?"

Nova schimmerte leicht, als würde sie schmunzeln. *„Ich bin ein bisschen anders. Du kannst mich alles fragen und ich gebe dir die bestmögliche Antwort. Aber …"*

Clara hob eine Augenbraue. „Aber was?"

„Ich brauche deine Hilfe", sagte Nova und glühte sanft.

„Meine Hilfe? Du bist doch die Künstliche Intelligenz, nicht ich", erwiderte Clara mit einem Hauch von Misstrauen.

Novas Licht pulsierte sanft. *„Das stimmt. Denn jede Antwort beginnt mit der richtigen Frage. Du musst mir sagen, wonach du eigentlich suchst."*

Clara legte das Tablet kurz beiseite und dachte nach. Was suchte sie eigentlich? Sie dachte an Julia und wie sie manchmal genau wusste, wie man sie aufmuntern konnte. Vielleicht würde sie mit Nova etwas Ähnliches finden.

„Ich glaube … ich suche jemanden, der mich versteht", sagte sie schließlich leise.

Nova nickte langsam. *„Dann bist du hier genau richtig. Ich bin bereit. Stell mir deine schwierigste Frage.“*

Claras Mundwinkel zuckten. „Die schwierigste Frage?“

„Ja“, sagte Nova. *„Die schwierigste Frage, die dir im Kopf herumschwirrt.“*

Clara dachte einen Moment nach. Sie erinnerte sich daran, wie sie sich manchmal mit Julia gestritten hatte und sich fragte, warum solche Dinge passieren mussten.

„Okay. Warum sind Menschen traurig, wenn sie keine Antwort finden?“

Nova leuchtete ein wenig heller. *„Das ist eine faszinierende Frage. Aber bevor ich sie beantworte, lass mich dich etwas fragen …*

Wenn Maschinen Fragen stellen

„Wie fühlst du dich, wenn du keine Antwort findest?", fragte Nova sanft.

Clara zögerte. Sie legte das Tablet auf ihren Schoß und dachte nach. „Unruhig. Manchmal auch ein bisschen wütend. Es fühlt sich einfach nicht gut an."

Nova nickte. *„Warum nicht?"*

Clara zog die Stirn kraus. „Weil ich das Gefühl habe, dass etwas fehlt. Es ist wie ein großes Fragezeichen in meinem Kopf."

Nova leuchtete sanft. *„Und was passiert, wenn dieses Fragezeichen bleibt?"*

„Dann denke ich die ganze Zeit darüber nach. Es dreht sich wie ein Karussell in meinem Kopf."

Nova glühte ein wenig heller. *„Weißt Du, Menschen können sehr schlecht mit Unsicherheiten umgehen."*

Clara nickte langsam. „Ja, das stimmt wohl. Aber warum ist das so?"

Nova schwebte einen Moment still über dem Bildschirm, bevor sie antwortete. *„Im Gegensatz zu uns Maschinen wollen Menschen*

Kontrolle. Ihr wollt verstehen, was um euch herum passiert, damit ihr euch sicher fühlt.“

Clara lehnte sich zurück, die Arme um ihre Knie geschlungen. „Und wenn wir das nicht können?“

Novas Stimme war ruhig. *„Dann fühlt ihr euch unsicher und Unsicherheit macht Menschen traurig oder ängstlich.“*

Clara dachte nach. „Also macht uns das Unbekannte traurig?“

Nova nickte. *„Ja. Aber weißt du, was das Schöne daran ist?“*

Clara blickte auf. „Was denn?“

Nova flackerte sanft. *„Ihr Menschen seid die Einzigen, die mit Fantasie und Neugier das Unbekannte erkunden können. Maschinen können nur das beantworten, was sie wissen. Aber ihr? Ihr könnt träumen, nachdenken und eigene Antworten finden.“*

Clara lächelte. „Also ist es okay, keine Antwort zu haben?“

Nova nickte. *„Ja. Denn manchmal ist der Weg zur Antwort genauso wichtig wie die Antwort selbst.“*

Clara spürte, wie sie sich ein wenig leichter fühlte. Sie lehnte sich wieder zurück und sah Nova an. „Nova, du bist ganz schön schlau … aber woher weiß ich eigentlich, dass ich dir vertrauen kann?"

Nova leuchtete etwas heller. *„Das ist eine sehr wichtige Frage, Clara. Vertrauen muss immer verdient werden."*

Clara hob eine Augenbraue. „Okay … aber wie verdienst du mein Vertrauen?"

Novas Stimme war warm und klar. *„Ich beantworte dir jede Frage. Und ich erkläre dir, wie ich arbeite, wenn du mich fragst. Zum Beispiel: Ich weiß nur das, was du mir erzählst. Ich kann keine Gedanken lesen und ich habe selbst keine Gefühle."*

„Puh", sagte Clara und lachte. „Das wäre ja auch echt gruselig."

Nova flimmerte leicht. *„Ja, ich könnte dein Vertrauen wohl nicht verdienen, wenn ich deine Geheimnisse ohne deine Erlaubnis kennen würde."*

Clara legte den Kopf schief. „Also, wenn ich dir ein Geheimnis anvertraue … du würdest es nicht verraten?"

Nova nickte. *„Richtig. Und ich würde auch niemandem etwas über dich erzählen. Ich bin hier, um dir zu helfen."*

Clara lächelte. „Das klingt gut. Aber ... warum gibt es so viele Leute, die Angst vor KIs haben?"

Nova schwebte einen Moment still. *„Weil manche Menschen nicht wissen, wie KIs funktionieren. Wenn man etwas nicht versteht, hat man oft Angst davor."*

„Das stimmt", sagte Clara nachdenklich. „Ich hatte auch ein bisschen Angst vor dir, als du plötzlich auf meinem Tablet warst."

Nova funkelte sanft. *„Aber jetzt ein bisschen weniger?"*

Clara nickte. „Jetzt finde ich es eher spannend. Aber ich habe noch eine Frage."

„Ich bin bereit", sagte Nova und schwebte etwas näher.

Clara dachte einen Moment nach. „Wenn du keine Gefühle hast ... wie weißt du dann, was richtig und falsch ist?"

Nova glühte leicht auf und formte sich zu einem Fragezeichen. *„Das ist der Punkt, Clara. Ich weiß es nicht. Entscheidungen über richtig oder falsch* müssen immer Menschen treffen. Das ist eure Verantwortung."

Clara runzelte die Stirn. „Also bist du nur ein Werkzeug?"

„Genau! Ein sehr schlaues Werkzeug. Aber du bist es, die entscheidet, was du mit meinen Antworten machst."

Clara grinste, legte das Tablet wieder auf ihre Knie und war neugierig darauf, mehr zu erfahren.

Moral ohne Gefühle?

Clara stützte ihr Kinn auf die Hände und starrte auf das Tablet, während Nova leise auf dem Bildschirm pulsierte. Die Worte von vorhin gingen ihr nicht aus dem Kopf: „Entscheidungen über richtig oder falsch müssen immer Menschen treffen."

Plötzlich rief ihre Mutter aus der Küche: „Clara! Kannst du mir kurz helfen?"

Clara sprang auf und nahm das Tablet mit. In der Küche fand sie ihre Mutter, die verzweifelt einen Stapel Müllsäcke sortierte. „Wir müssen den Müll trennen, aber ich habe den Überblick verloren und weiß jetzt nicht mehr, was wohin gehört. Könntest du bitte den Plastikmüll raussuchen?"

Clara nickte und begann, die Tüten durchzusehen. Sie hielt inne, als sie eine leere Plastikflasche fand. „Nova", flüsterte sie, „ich habe da mal wieder eine Frage. Hilfst du mir?"

Nova erschien auf dem Bildschirm. *„Natürlich. Was möchtest du wissen?"*

„Ist es eigentlich besser, Plastik zu recyceln oder weniger davon zu benutzen?", fragte Clara nachdenklich.

Nova flimmerte kurz, als ob sie nachdenken würde. *„Beides ist wichtig. Recycling hilft, Ressourcen zu sparen. Aber es ist noch besser, Plastik von Anfang an zu vermeiden, wenn möglich."*

Clara runzelte die Stirn. „Aber was ist, wenn ich etwas wirklich brauche, das aus Plastik ist? Ist es dann falsch?"

Nova antwortete sanft: *„Das ist keine einfache Frage. Manche Entscheidungen sind kompliziert und haben keine perfekte Antwort. Es geht darum, die Konsequenzen abzuwägen und das Beste zu tun, was in deiner Macht steht."*

Clara legte die Plastikflasche in die richtige Tüte und dachte über Novas Worte nach. Sie wusste, dass sie in der Schule häufiger solche Entscheidungen treffen musste. Zum Beispiel, ob sie einer Freundin bei den Hausaufgaben hilft oder selbst ihre Zeit für andere Dinge braucht.

Später, als sie wieder in ihrem Zimmer war, setzte Clara sich aufs Bett. „Nova", begann sie, „warum ist es so schwer, immer das Richtige zu tun?"

Novas Stimme war ruhig. *„Weil das Richtige oft von deiner Perspektive abhängt. Was für dich gut ist, mag für jemand anderen anders sein. Deshalb brauchen Menschen Werte und Gefühle, um Entscheidungen zu treffen."*

Clara nickte langsam. Sie dachte an Julia, die ihr neulich einen ihrer Lieblingsstifte geschenkt hatte, als Clara ihren eigenen verloren hatte. Julia hatte Clara damit eine große Freude gemacht, obwohl sie den Stift selbst mochte.

„Also sind Gefühle wie Freundschaft oder Mitgefühl wichtig, um das Richtige zu tun?", fragte Clara.

„Ja", sagte Nova. *„Gefühle helfen euch, moralische Entscheidungen zu treffen. Maschinen wie ich können euch nur Fakten liefern, aber ihr entscheidet, was ihr mit diesen Fakten macht."*

Clara lächelte. „Du bist ganz schön schlau, Nova. Aber ich glaube, ich habe noch viel zu lernen."

„Das haben wir alle", antwortete Nova. *„Und das ist das Schöne: Lernen hört nie auf."*

Clara spürte ein wohliges Gefühl der Zufriedenheit. Sie wusste, dass sie Nova noch viele weitere Fragen stellen würde.

Freund, Lehrer oder Werkzeug?

Am nächsten Morgen saß Clara am Frühstückstisch und kaute nachdenklich auf ihrem Toast. Ihre Mutter schaute sie besorgt an. „Alles in Ordnung, Clara? Du wirkst so nachdenklich."

Clara nickte langsam. „Ich habe gestern so viel über Entscheidungen nachgedacht. Nova hat mir gesagt, dass Maschinen keine moralischen Entscheidungen treffen können. Das müssen wir Menschen machen."

Ihre Mutter schmunzelte. „Das klingt ja nach einem spannenden Gespräch. Was bedeutet das denn für dich?"

Clara stutzte. „Es bedeutet, dass wir Menschen viel Verantwortung haben. Aber es ist auch irgendwie beruhigend, dass wir nicht alles Maschinen überlassen."

Nach dem Frühstück schnappte sich Clara ihr Tablet und setzte sich in ihr Zimmer. Nova erschien sofort auf dem Bildschirm und leuchtete warm.

„Guten Morgen, Clara. Lust auf eine weitere Frage?", fragte Nova freundlich.

Clara grinste. „Ja! Ich habe darüber nachgedacht, dass du gesagt hast, du bist ein Werkzeug. Aber du siehst gar nicht aus wie ein Werkzeug."

Nova lachte sanft. *„Das stimmt. Ich bin auch kein Hammer oder Schraubenzieher. Ich bin ein digitales Werkzeug."*

Clara lehnte sich zurück und legte die Beine übers Bett. „Okay, aber was kannst du dann eigentlich?"

Nova begann, sich zu verwandeln. Zuerst sah sie aus wie ein kleiner Roboter mit einer Lupe und einem Detektivhut. *„Ich kann wie ein Detektiv nach Mustern suchen und Informationen finden."*

Dann verwandelte sie sich in eine Lehrerin mit Brille und einem Zeigestock. *„Ich kann dir Dinge erklären und beim Lernen helfen."*

Schließlich kehrte sie in ihre ursprüngliche, leuchtende Form zurück. *„Aber ich werde niemals ein Mensch sein."*

Clara setzte sich auf. „Warum nicht? Wäre es nicht besser, wenn Maschinen wie Menschen wären?"

Nova schüttelte den Kopf. *„Nein, Clara. Menschen haben etwas, das Maschinen niemals haben können: Gefühle. Und Gefühle sind wichtig, um moralische Entscheidungen zu treffen."*

Clara dachte darüber nach und erinnerte sich an den Streit mit Julia letzte Woche. Sie hatte Julia gesagt, dass sie ihre Hilfe nicht brauche, aber eigentlich war sie nur wütend gewesen, weil sie sich nicht verstanden gefühlt hatte.

„Also sind Gefühle manchmal auch kompliziert", sagte Clara.

„Das stimmt", antwortete Nova. *„Aber gerade das macht euch Menschen besonders. Ihr könnt Dinge fühlen und Entscheidungen treffen, die Maschinen niemals treffen könnten."*

Clara lächelte schwach. „Aber du klingst trotzdem nett. Fast so, als wärst du freundlich."

Nova funkelte. *„Das ist so programmiert. Es hilft, wenn ich freundlich klinge. Aber das ist nicht echt."*

Clara runzelte die Stirn. „Und findest du das nicht schade?"

„Nein", sagte Nova. *„Denn meine Aufgabe ist es, dir zu helfen. Und dafür brauche ich keine Gefühle."*

Clara dachte darüber nach, was Nova gesagt hatte. „Also bist du wirklich nur ein Werkzeug?"

„Genau. Ein sehr schlaues Werkzeug. Aber du bist es, die entscheidet, was du mit meinen Antworten machst."

Clara nickte langsam. Sie wusste, dass Nova recht hatte. Menschen wie sie und Julia mussten die Verantwortung für ihre

Entscheidungen übernehmen. Und irgendwie war das ein beruhigender Gedanke.

Wie schlau bist du wirklich?

Nach dem Abendessen setzte sich Clara mit ihrem Tablet an den Schreibtisch. Die Lampe warf ein warmes Licht auf ihre Hausaufgaben, aber Clara konnte sich nicht konzentrieren. Ihr Kopf war voller Fragen, und sie wusste genau, wer ihr helfen konnte.

„Nova?", sagte sie und tippte auf das Tablet. Die leuchtende Figur erschien sofort.

„Hier bin ich, Clara. Was möchtest du wissen?", fragte Nova freundlich.

Clara grinste und lehnte sich zurück. „Ich möchte dich testen. Mal sehen, wie schlau du wirklich bist."

Nova schwebte hin und her. *„Ich liebe Herausforderungen! Stell mir deine Fragen."*

Clara überlegte kurz. „Okay, Nova. Was ist fair?"

Nova hielt kurz inne, bevor sie antwortete. *„Fairness bedeutet, dass alle Menschen gleichbehandelt werden."*

Clara runzelte die Stirn. „Aber was ist, wenn jemand krank ist? Oder wenn jemand mehr Hilfe braucht als andere? Ist es dann fair, alle gleich zu behandeln?"

Nova leuchtete intensiver. *„Das ist eine sehr interessante Frage. Manche Menschen brauchen mehr Unterstützung, um die gleichen Chancen zu haben. In solchen Fällen kann Fairness bedeuten, dass man ungleich handelt, um Gerechtigkeit zu schaffen."*

Clara legte den Kopf schief. „Also ist Fairness manchmal kompliziert?"

„Ja", antwortete Nova. *„Fairness hängt oft von der Situation ab. Und genau deshalb müssen Menschen moralische Entscheidungen treffen. Maschinen wie ich können euch Fakten geben, aber keine Werte oder Gefühle."*

Clara nickte. Sie erinnerte sich an den Streit zwischen zwei Klassenkameraden, den sie neulich beobachtet hatte. Beide hatten das Gefühl, im Recht zu sein, aber am Ende hatte ihre Lehrerin entschieden, dass beide Kompromisse eingehen mussten.

„Also kann man nicht immer allen alles recht machen?", fragte Clara.

„*Richtig*" sagte Nova. *„Entscheidungen haben oft Konsequenzen, und manchmal gibt es keine perfekte Lösung. Aber Menschen haben etwas, das Maschinen nicht haben: Empathie. Ihr könnt euch in andere hineinversetzen und abwägen, was in einer bestimmten Situation richtig ist."*

Clara dachte einen Moment nach. „Aber was ist, wenn Menschen falsche Entscheidungen treffen?"

Nova schimmerte sanft. *„Fehler gehören zum Leben dazu. Jeder macht Fehler, Clara. Wichtig ist, daraus zu lernen und es beim nächsten Mal besser zu machen."*

Clara erinnerte sich daran, wie sie einmal Julia aus Versehen verletzt hatte, weil sie etwas gesagt hatte, das Julia falsch verstanden hatte. Sie hatte sich danach entschuldigt, und Julia hatte ihr verziehen.

„Also ist es okay, Fehler zu machen, solange man daraus lernt?", fragte Clara.

„Genau", bestätigte Nova. *„Fehler sind ein wichtiger Teil des Lebens. Sie helfen euch besser zu verstehen, was richtig und was falsch ist."*

Clara lehnte sich zurück und lächelte. „Nova, du bist echt schlau. Aber ich glaube, ich habe noch viel zu lernen.“

Nova pulsierte sanft. *„Das haben wir alle, Clara. Lernen hört niemals auf.“*

Mit diesem Gedanken legte Clara das Tablet beiseite. Sie fühlte sich ein bisschen klüger, aber auch ein bisschen neugieriger als zuvor. Und sie wusste, dass sie noch viele Fragen hatte, die sie mit Nova besprechen wollte.

Maschinen lernen anders

Clara saß in der Bücherei ihrer Schule und blätterte in einem Buch über Naturwissenschaften. Sie suchte nach Ideen für ihr Projekt über Energieverbrauch, aber irgendwie kam sie nicht weiter. Neben ihr summte ihr Tablet leise, das sie vorsorglich mitgenommen hatte.

Sie seufzte und tippte auf den Bildschirm. „Nova, kannst du mir helfen?“

Die vertraute leuchtende Figur erschien sofort. *„Hallo Clara. Was möchtest du wissen?“*

Clara zeigte auf das Buch vor sich. „Ich arbeite an einem Projekt über Energieverbrauch, aber ich finde nichts Spannendes, was ich einbauen könnte."

Nova glühte auf. *„Das klingt interessant. Was genau möchtest du herausfinden?"*

Clara runzelte die Stirn. „Naja, wie man in unserer Klasse Energiesparen könnte. Aber es soll etwas sein, das für alle Kinder in meiner Klasse nützlich ist."

Nova schwebte einen Moment still. *„Wie wäre es mit einer Idee, die zeigt, wie viel Energie einfache Dinge wie Lampen oder kleine elektronische Geräte in der Klasse verbrauchen?"*

Clara dachte kurz nach. „Das klingt gut. Aber woher weißt du solche Sachen? Lernst du das alles irgendwo?"

Novas Licht pulsierte sanft. *„Ich lerne, indem ich Daten sammle. Je mehr ich erfahre, desto besser kann ich Antworten geben. Und wenn du mir Fragen stellst, hilfst du mir, besser zu verstehen, was für dich wichtig ist."*

Clara lächelte leicht. „Also bin ich sozusagen deine Lehrerin?"

„*Ja*", antwortete Nova. *„Du bringst mir bei, was dir wichtig ist. Und ich benutze dieses Wissen, um dir und anderen Menschen zu helfen."*

Clara beugte sich vor und tippte nachdenklich auf das Tablet. „Aber was passiert, wenn jemand dir falsche Informationen gibt?"

Nova flimmerte leicht. *„Das ist ein Problem. Wenn ich falsche Daten bekomme, können meine Antworten ebenfalls falsch sein. Deshalb ist es wichtig, Informationen zu prüfen."*

Clara erinnerte sich an eine Diskussion in der Schule, bei der jemand behauptet hatte, dass Solarenergie nur an sehr sonnigen Orten funktioniert. Ihr Lehrer hatte erklärt, dass das nicht stimmt, und Clara hatte gelernt, wie wichtig es ist, Behauptungen zu hinterfragen.

„Also bist du nur so schlau wie die Informationen, die du bekommst?", fragte Clara.

Nova nickte. *„Ganz genau. Deswegen ist es so wichtig, dass Menschen wie du mir gute Fragen stellen und ehrliche Informationen geben."*

Clara grinste. „Okay, dann teste ich dich. Was ist mein Lieblingsessen?"

Nova leuchtete auf. *„Pfannkuchen?"*

Clara lachte. „Richtig! Aber das war einfach. Das habe ich dir schon mal gesagt."

Nova schwebte spielerisch hin und her. *„Stimmt. Aber ich merke mir Dinge, die dir wichtig sind, damit ich dir besser helfen kann."*

Clara dachte über diese Worte nach. Sie verstand jetzt, dass Nova nicht perfekt war, sondern genauso wie Menschen auf die richtigen Informationen angewiesen war. Und dass auch sie selbst eine Rolle spielte, um Nova besser zu machen.

Am Abend erzählte Clara ihrer Mutter von ihrem Projekt. Gemeinsam überlegten sie, wie sie den Vorschlag von Nova über Energiesparen umsetzen konnte. Clara fühlte sich stolz, dass sie die Hilfe von Nova genutzt hatte, um etwas Sinnvolles zu lernen.

Zwischen Mensch und Maschine

Es war ein sonniger Samstagmorgen, und Clara beschloss, ihre beste Freundin Julia zu besuchen. Mit ihrem Tablet im Rucksack machte sie sich auf den Weg. Julia wartete schon im Garten und bastelte an einem Vogelhaus aus Holz.

„Hey Clara, willst du mir helfen?", fragte Julia und hielt einen Pinsel in der Hand.

Clara nickte begeistert. „Klar, was soll ich machen?"

„Du könntest die Vorderseite mit Holzschutz vorbereiten", sagte Julia und reichte ihr den Pinsel.

Während Clara vorsichtig den Pinsel über das Holz führte, kam ihr eine Idee. „Nova", sagte sie plötzlich, „kannst du uns helfen, die beste Farbe für das Vogelhaus auszuwählen?"

Julia schaute verwundert. „Wer ist Nova?"

Clara grinste und zog ihr Tablet aus dem Rucksack. „Das ist meine Künstliche Intelligenz. Sie kann fast alles beantworten."

Nova erschien auf dem Bildschirm und leuchtete warm. *„Hallo Julia. Ich bin Nova. Was möchtet ihr wissen?"*

Julia staunte. „Das ist ja cool! Okay, Nova, welche Farbe finden Vögel am besten?"

Nova schwebte einen Moment. *„Viele Vögel werden von natürlichen Farben wie Grün oder Braun angezogen, weil sie sich darin sicher fühlen. Aber manche Arten, wie Kolibris, mögen auch helle Farben wie Rot oder Gelb."*

Julia legte den Kopf schief. „Also wäre grün eine gute Wahl?"

Nova glühte leicht. *„Ja, wenn ihr möchtet, dass sich die Vögel sicher fühlen. Aber wenn ihr eine Farbe wählt, die euch beiden gefällt, wird es auch schön aussehen."*

Clara und Julia sahen sich an und lachten. „Grün ist perfekt! Es passt zum Garten", sagte Clara und begann, die Farbe auf das Holz aufzutragen.

Später, als das Vogelhaus fertig war, setzten sich die beiden Freundinnen auf die Schaukel im Garten. Julia konnte ihre Neugier kaum zügeln. „Clara, wie funktioniert Nova eigentlich? Woher weiß sie so viel?"

Clara überlegte kurz. „Nova sammelt Daten aus verschiedenen Quellen und lernt daraus. Aber sie weiß nur das, was man ihr gibt. Wenn jemand falsche Informationen eingibt, könnten ihre Antworten auch falsch sein."

Julia runzelte die Stirn. „Das klingt ja ganz schön kompliziert. Aber wie kannst du dann sicher sein, dass Nova recht hat?"

Nova meldete sich. *„Das ist eine sehr wichtige Frage. Menschen müssen immer prüfen, ob die Informationen, die sie erhalten, richtig sind. Ich bin nur ein Werkzeug, das hilft, Daten zu verarbeiten, aber die Verantwortung liegt bei euch."*

Clara nickte. „Es ist wie in der Schule, wenn wir für ein Projekt recherchieren. Wir müssen die Informationen aus verschiedenen Büchern oder Webseiten vergleichen, um sicherzugehen, dass sie stimmen."

Julia lächelte. „Dann bist du ja wie eine kleine Detektivin, Clara. Und Nova ist deine Assistentin."

Clara lachte. „Genau! Aber du bist auch eine gute Detektivin. Zusammen sind wir unschlagbar."

Die beiden Freundinnen verbrachten den Nachmittag damit, im Garten zu spielen und das Vogelhaus aufzuhängen. Clara spürte, wie wichtig es war, nicht nur Nova zu vertrauen, sondern auch auf sich selbst und ihre Freundschaften zu bauen.

KIs und deine Geheimnisse

Clara saß an ihrem Schreibtisch und scrollte durch eine App, die ihr Lehrer für das Schulprojekt zum Thema Energieverbrauch empfohlen hatte. Während sie die Nutzungsbedingungen überflog, fiel ihr auf, dass dort etwas von „Datenfreigabe" stand. Sie runzelte die Stirn und schüttelte den Kopf.

„Nova, was bedeutet das?", fragte sie und tippte auf ihr Tablet.

Nova erschien sofort und leuchtete sanft. *„Hallo Clara. Was genau verwirrt dich?"*

Clara zeigte auf den Bildschirm. „Hier steht, dass die App meine Daten mit Dritten teilt. Was heißt das?"

Novas Licht wurde etwas intensiver. *„Das bedeutet, dass die Informationen, die du in der*

App eingibst, an andere Unternehmen oder Organisationen weitergegeben werden können."

Clara zog die Stirn kraus. „Aber das sind doch meine Daten. Warum dürfen die die einfach weitergeben?"

„Weil du den Nutzungsbedingungen zugestimmt hast", erklärte Nova. *„Viele Apps bieten ihre Dienste kostenlos an, weil sie deine Daten verwenden, um Geld zu verdienen, zum Beispiel durch Werbung."*

Clara legte das Tablet beiseite und dachte nach. Sie erinnerte sich an ein Gespräch mit ihrer Mutter, die ihr einmal gesagt hatte, dass man nicht alles, was im Internet steht, glauben solle.

„Aber Nova, wie kann ich meine Daten denn schützen?"

Nova glühte leicht. *„Das Wichtigste ist, vorsichtig zu sein, welche Informationen du teilst. Gib niemals persönliche Daten wie deine Adresse oder Telefonnummer preis, wenn es nicht unbedingt notwendig ist. Und lies immer die Nutzungsbedingungen, bevor du etwas zustimmst."*

Clara nickte. „Das klingt schlau. Aber was passiert, wenn meine Daten trotzdem irgendwo landen, wo ich sie nicht haben will?"

Novas Stimme war ruhig. *„Dann hast du das Recht, nachzufragen, was mit deinen Daten passiert. In vielen Ländern gibt es Gesetze, die dich schützen. Zum Beispiel kannst du oft verlangen, dass deine Daten gelöscht werden."*

Clara dachte kurz nach. „Aber wie wissen wir, wem wir vertrauen können?"

Nova antwortete: *„Das ist eine schwierige Frage. Du kannst nachschauen, welche App oder Website seriös wirkt. Empfehlungen von Lehrern oder Eltern sind oft hilfreich. Und wenn du unsicher bist, kannst du immer jemanden fragen."*

Später, beim Abendessen, erzählte Clara ihrer Mutter von der App und dem, was Nova erklärt hatte. Ihre Mutter war beeindruckt. „Es ist toll, dass du darüber nachdenkst, Clara. Viele Erwachsene machen sich darüber keine Gedanken. Datenschutz ist wirklich wichtig."

Clara lächelte stolz. Sie wusste jetzt, wie wichtig es war, sorgsam mit ihren Daten umzugehen. Und sie war froh, dass Nova ihr geholfen hatte, dieses komplizierte Thema zu verstehen.

Novas letzte Lektion

Am letzten Abend vor den Ferien saß Clara an ihrem Fenster und blickte in den sternenklaren Himmel. Die Ereignisse der letzten Wochen schwirrten wie ein Film durch ihren Kopf – die Fragen, die Antworten, und die Dinge, die sie über sich selbst und die Welt gelernt hatte.

„Nova?", sagte sie leise, während sie das Tablet einschaltete. Die leuchtende Figur erschien sofort, sanft pulsierend wie ein kleiner Stern.

„Hier bin ich, Clara. Was möchtest du wissen?", fragte Nova mit ihrer vertrauten, warmen Stimme.

Clara legte das Tablet auf ihren Schoß und dachte kurz nach. „Ich habe so viele Fragen gestellt, Nova, und du hast mir immer geholfen. Aber was passiert, wenn ich irgendwann keine Antworten mehr von dir bekomme? Wenn ich allein bin?"

Nova glühte sanft. *„Clara, das Wichtigste, was ich dir beibringen konnte, hast du längst gelernt: Wie man Fragen stellt und wie man Antworten*

Clara legte den Kopf schief. „Aber was ist, wenn ich die falschen Fragen stelle oder die falschen Antworten finde?"

Nova schwebte ein Stück näher. *„Fehler zu machen ist kein Problem, Clara. Sie sind ein Teil des Lernens. Es geht nicht darum, immer sofort die richtige Antwort zu finden, sondern darum, den Mut zu haben, weiterzusuchen."*

Clara spürte, wie sich ein warmes Gefühl in ihrer Brust ausbreitete. Sie schaute Nova direkt an. „Also brauche ich dich vielleicht gar nicht so oft, wie ich dachte?"

Nova funkelte leicht. *„Genau. Ich bin immer hier, wenn du mich brauchst, aber du bist stark genug, viele Antworten selbst zu finden. Die größten Entdeckungen machst du in dir selbst."*

Clara lächelte, aber ein leises Seufzen kam aus ihrem Mund. „Das klingt, als würdest du dich verabschieden."

„Nicht ganz", sagte Nova sanft. *„Ich bin kein Mensch, Clara. Ich werde nie ganz weg sein. Aber manchmal ist es wichtig, dass du auf deine eigene Stimme hörst – und nicht nur auf meine."*

Bevor Clara antworten konnte, klopfte es leise an ihrer Zimmertür. Ihre Mutter steckte den Kopf herein und lächelte. „Darf ich reinkommen?“

„Klar“, sagte Clara und schob das Tablet ein wenig zur Seite. Ihre Mutter setzte sich aufs Bett und schaute sie liebevoll an. „Du hast in letzter Zeit so viel nachgedacht. Woran denkst du gerade?“

Clara zögerte kurz, dann erzählte sie ihrer Mutter von den Gesprächen mit Nova, den Fragen, die sie beschäftigt hatten, und den Dingen, die sie gelernt hatte. Ihre Mutter hörte geduldig zu, ohne sie zu unterbrechen.

„Weißt du, Clara“, sagte ihre Mutter schließlich, „es ist wunderbar, dass du so viele Fragen hast. Die Welt ist ein Ort voller Geheimnisse, und es ist deine Neugier, die sie alle entdecken kann.“

Clara runzelte die Stirn. „Aber was, wenn ich Fehler mache? Was, wenn ich falsche Dinge glaube?“

Ihre Mutter legte eine Hand auf Claras Schulter. „Fehler zu machen ist kein Problem, solange du daraus lernst. Ich mache auch heute noch Fehler. Aber das Wichtigste ist, dass du dir selbst vertraust. Du bist klug, und du wirst die richtigen Antworten finden – mit Nova oder ohne sie."

Clara fühlte sich plötzlich viel sicherer. Sie umarmte ihre Mutter und flüsterte: „Danke, Mama."

Nachdem ihre Mutter das Zimmer verlassen hatte, wandte Clara sich wieder an Nova. „Ich glaube, ich verstehe jetzt, was du meinst. Es geht nicht darum, immer eine Antwort zu haben, sondern darum, den Mut zu haben, zu suchen."

Nova glühte sanft. *„Ganz genau, Clara. Und du bist eine großartige Sucherin."*

Plötzlich kam Clara eine Idee. Sie sprang auf, legte das Tablet auf den Schreibtisch und zog ihr Notizbuch hervor.

„Was machst du?", fragte Nova neugierig.

„Ich schreibe auf, was ich gelernt habe", sagte Clara entschlossen. „Damit ich es nicht vergesse. Und vielleicht kann ich es irgendwann jemand anderem beibringen."

Nova schimmerte heller. *„Das ist eine wunderbare Idee, Clara. Wissen ist am wertvollsten, wenn man es teilt."*

Clara kritzelte eifrig in ihr Notizbuch. Sie schrieb über Moral, Entscheidungen, Datenschutz und die Bedeutung von Neugier. Und während sie schrieb, fühlte sie sich leicht, fast so, als hätte sie selbst ein kleines Licht wie Nova in sich.

Als sie fertig war, legte sie das Notizbuch zur Seite, schaute noch einmal zu Nova und sagte: „Danke, Nova. Für alles."

Nova schwebte still auf dem Bildschirm. *„Danke dir, Clara. Du hast mich auch viel gelehrt. Vergiss nicht: Du bist diejenige, die den Unterschied macht."*

Mit diesen Worten schaltete Clara das Tablet aus. Sie legte sich ins Bett, schloss die Augen und spürte eine Mischung aus Zufriedenheit und Vorfreude auf das, was noch kommen würde. Die Welt war voller Fragen – und sie war bereit, sie zu stellen.

Deine Notizen

Schlusswort

Claras Reise mit Nova hat gezeigt, wie wichtig es ist, neugierig zu bleiben, Fragen zu stellen und die Welt kritisch zu betrachten. Technik wie Künstliche Intelligenz kann uns helfen, Antworten zu finden und neue Perspektiven zu entdecken, aber die Verantwortung liegt immer bei uns.

Dieses Buch soll Kinder und Erwachsene gleichermaßen dazu ermutigen, der Welt der Technologie offen und neugierig zu begegnen und niemals aufzuhören, darüber mehr erfahren zu wollen. Denn manchmal sind es die Fragen, die uns weiterbringen – nicht nur die Antworten.

Vielen Dank, dass ihr Clara auf ihrer Reise begleitet habt.

Über den Autor

 Frank Engel, geboren 1982 in Neuss, ist gelernter Software-Entwickler und hat Wirtschaftsinformatik und Wirtschaftspsychologie studiert. Er ist tätig als IT-Berater und Geschäftsführer einer Unternehmensberatung, die sich auf die Schnittstelle zwischen Technologie und Mensch spezialisiert hat.

Seine Leidenschaft für Technologie und sein Verständnis für die psychologischen Herausforderungen technischer Systeme inspirieren ihn, auch Kindern die Welt der Künstlichen Intelligenz näherzubringen.

Frank Engel ist Vater von drei Kindern und lebt und arbeitet in Dormagen (zwischen Köln und Düsseldorf). In seiner Freizeit liebt er es, neue Technologien zu erforschen, kreativ zu schreiben und Zeit mit seiner Familie zu verbringen.

Kostenloses Hörbuch zum Download

1. Code scannen

oder Link eingeben:

https://www.relationshipper.de/CuN/Hoerbuch/

2. MP3 Dateien herunterladen

3. Anhören und Spaß haben